BEI GRIN MACHT SICH IHR WISSEN BEZAHLT

- Wir veröffentlichen Ihre Hausarbeit, Bachelor- und Masterarbeit
- Ihr eigenes eBook und Buch - weltweit in allen wichtigen Shops
- Verdienen Sie an jedem Verkauf

Jetzt bei www.GRIN.com hochladen und kostenlos publizieren

Bibliografische Information der Deutschen Nationalbibliothek:

Die Deutsche Bibliothek verzeichnet diese Publikation in der Deutschen Nationalbibliografie; detaillierte bibliografische Daten sind im Internet über http://dnb.d-nb.de/ abrufbar.

Dieses Werk sowie alle darin enthaltenen einzelnen Beiträge und Abbildungen sind urheberrechtlich geschützt. Jede Verwertung, die nicht ausdrücklich vom Urheberrechtsschutz zugelassen ist, bedarf der vorherigen Zustimmung des Verlages. Das gilt insbesondere für Vervielfältigungen, Bearbeitungen, Übersetzungen, Mikroverfilmungen, Auswertungen durch Datenbanken und für die Einspeicherung und Verarbeitung in elektronische Systeme. Alle Rechte, auch die des auszugsweisen Nachdrucks, der fotomechanischen Wiedergabe (einschließlich Mikrokopie) sowie der Auswertung durch Datenbanken oder ähnliche Einrichtungen, vorbehalten.

Impressum:

Copyright © 2017 GRIN Verlag
Druck und Bindung: Books on Demand GmbH, Norderstedt Germany
ISBN: 9783668829701

Dieses Buch bei GRIN:

https://www.grin.com/document/448143

Marina Kolisnichenko

E-Sport. Forschung und Entwicklung in Sportmärkten

GRIN Verlag

GRIN - Your knowledge has value

Der GRIN Verlag publiziert seit 1998 wissenschaftliche Arbeiten von Studenten, Hochschullehrern und anderen Akademikern als eBook und gedrucktes Buch. Die Verlagswebsite www.grin.com ist die ideale Plattform zur Veröffentlichung von Hausarbeiten, Abschlussarbeiten, wissenschaftlichen Aufsätzen, Dissertationen und Fachbüchern.

Besuchen Sie uns im Internet:

http://www.grin.com/

http://www.facebook.com/grincom

http://www.twitter.com/grin_com

Deutsche Hochschule für
Prävention und Gesundheitsmanagement
Hermann Neuberger Sportschule 3
66123 Saarbrücken

Einsendeaufgabe

Fachmodul: Forschung und Entwicklung in Sportmärkten

Studiengang: Master of Arts Sportökonomie

Datum
Präsenzphase: 02.05. – 05.05.2017

Name, Vorname: Kolisnichenko, Marina

Studienort: **Saarbrücken**

Semester: **2. Semester**

Inhaltsverzeichnis

1 TREND-, MARKT- UND KONSUMENTENFORSCHUNG AM BEISPIEL ESPORT 3

    1.1 Datenanalyse 3

    1.2 Maßnahmenentwicklung 9

    1.3 One Pager 10

2 VEREINSENTWICKLUNG UND –VERMARKTUNG 11

3 INNOVATIONSMANAGEMENT 13

    3.1 Problemerkenntnis 13

        3.1.1 Ist-Situation 13

        3.1.2 Auswirkungen 14

        3.1.3 Kundensegmentierung 15

    3.2 Ideenfindung – Brainstorming 17

    3.3 Selektion 19

    3.4 Konkretisierung 19

    3.5 Lean Start-up Ansatz 20

4 LITERATURVERZEICHNIS 22

5 ABBILDUNGS- UND TABELLENVERZEICHNIS 25

    5.1 Abbildungsverzeichnis 25

    5.2 Tabellenverzeichnis 25

1 Trend-, Markt- und Konsumentenforschung am Beispiel eSport

Was noch vor Jahren als normales Spielen im Freizeitbereich galt, entwickelte sich das konsolen- und computerbasierte Spielen zu einem Leistungssport auf elektronischer Ebene (eSport). Im Folgenden werden die Vorteile des Marketings im eSport vorgestellt sowie Maßnahmen zur Verbesserung des Images und Steigerung der Bekanntheit in der Zielgruppe 15- bis 30-Jährige eines Unternehmens aus der Bankbranche erarbeitet.

1.1 Datenanalyse

Eine klare und einheitliche Definition für eSport lässt sich schwer finden. Jörg Müller-Lietzko bezeichnet eSport als „das wettbewerbsmäßige Spielen von Computer- oder Videospielen im Einzel- oder Mehrspielermodus. eSport versteht sich entsprechend des klassischen Spielbegriffs und erfordert sowohl Spielkönnen (Hand-Augen-Koordination, Reaktionsschnelligkeit), als auch strategisches und taktisches Verständnis (Spielübersicht, Spielverständnis)." (Müller-Lietzko, 2006, S. 30). Im eSport existieren, wie beim klassischen Sport, unterschiedliche Disziplinen, in denen die Spieler unorganisiert oder organisiert in Ligen gegeneinander antreten. Als eSport-Disziplinen werden Computerspiele bezeichnet, die man gegeneinander spielt (Sportschau, 2016). Zu den populärsten Disziplinen zählen die Echtzeit-Strategiespiele (Bsp. League of Legends), Ego-Shooter (Bsp. Counter-Strike) und Sportsimulationen (Bsp. FIFA) (Deloitte, 2016). Die Wettkampfteilnehmer, auch E-Athleten oder E-Sportler genannt, organisieren sich in Spielvereinigungen, die Sportvereinen ähneln – diese werden als Clans bezeichnet (Sportschau, 2016). Die eSport-Wettbewerbe finden entweder online oder offline statt. In Ländern wie Südkorea und USA hat sich eSport als neuer Volkssport etablieren können. In Deutschland wird eSport zwar immer populärer, erhält aber keine staatliche Unterstützung, da dieser nicht als eine Sportart vom Deutschen Olympischen Sportbund (DOSB) anerkannt ist (Frankfurter Allgemeine Zeitung GmbH, 2015). Das steigende eSport-Interesse ist besonders daran zu erkennen, dass immer mehr Fußballvereine weltweit in eSport investieren und professionelle E-Sportler unter Vertrag nehmen. Zu nennen sind hier insbesondere der VFL Wolfsburg, Schalke 04, Manchester City, Besiktas Istanbul, FC Valencia (90min, 2017).

Tab. 1: Organisation von eSport (eigene Darstellung)

Verbandsstrukturen	
eSport Verband Deutschland (eSVD): Deutscher Dachverband. Jugendförderung, Staatsmeisterschaften, Unterstützung in rechtlichen Angelegenheiten sowie die Spielvermittlung zählen zu den Aufgaben des eSVD (eSport Verband Deutschland)	• 7 Mitglieder
eSports.BIU (national): eine Vereinigung, die sich für die offizielle Anerkennung des eSport als Sportart engagiert (Bundesverband Interaktive Unterhaltungssoftware e.V.)	• 19 Mitglieder (Unternehmen, wie beispielsweise Microsoft, Nintendo, Electronic Arts Inc.).
International eSports Federation (IeSF): bemüht sich eSport als wahrer Sport jenseits aller Barrieren der Sprache, Rasse und Kultur anerkennen zu lassen. (International e-Sports Federation (IeSF))	• Gründungsmitglieder (nationale eSport Verbände aus 9 Staaten) • 45 Mitgliedsnationen (Deutschland zählt allerdings nicht mehr dazu)
Ligensysteme	
Electronic Sports League (ESL) ist die weltweitführende Plattform für eSports, die Turniere über alle Spiele und Skill Level hinweg anbietet (Electronic Sports League (ESL))	• Weltweit haben **7.175.483** Mitglieder **12.514.671** Matches in **89.972** Turnieren gespielt
Lokale eSport Vereine	• 1. Berliner eSport-Club e.V. Cottbus • eSports e.V. E-Sports Erlangen Leipzig • eSports e.V. Magdeburg eSports e.V. • Munich Finest Gaming eSports Nord e.V. • (Schleswig-Holstein) TSV 1895 Oftersheim e.V. • Gamer Verein Regensburg

	(eSport.BIU, 2017)
eSpots Hochschulgruppen	• eSport Universität Bayreuth • HTW Berlin eSports University Gaming • Club Bielefeld Team ECO – e-Sports • Cologne eSports United Karlsruhe eSports Ludwigsburg (eSport.BIU, 2017)
Events/Wettbewerbe & Preisgelder	
Electronic Sports League Meisterschaft (ESLM): präsentiert die Königsklasse des deutschen eSports (Electronic Sports League Meiserschaft (ESLM))	• 3 Disziplinen: Counter-Strike: Global Offensive, League of Legends und EA SPORTS FIFA 17 • In 15 Jahren wurden insgesamt **2.978.500,- €** Preisgeld verteilt
eSport Schulmeisterschaft: bietet allen Schülern die Möglichkeit, einen nationalen Meistertitel an ihre Schule zu erwerben (Deutsche Games Schulmeisterschaft UG)	• In den letzten zwei Jahren beteiligten sich 200 Schulteams mit über 1000 Spielern an den Wettkämpfen • 4 Disziplinen: FIFA 17, Hearthstone, League of Legends, Rocket League • Hardware-Preise • Gamescom-Karten • Das Highlight der Siegerehrung ist die Überhabe des Wanderpokals der DGS
The International (Dota 2) 2016, Seattle	• Rekord-Preisgeld: **20,77 Millionen US-Dollar** (Statista, 2017) • Vor zwei Jahren lagen die Preisgelder noch bei der Hälfte
LoL 2016 World Championship (League of Legends)	• **5,07 Millionen US-Dollar** (Statista, 2017)
The Frankfurt Major 2015 (Dota 2)	• **3 Millionen US-Dollar** (Statista, 2017)
World Electronic Sports Games 2016 (Counter-Strike: Global Offensive)	• **1,5 Millionen US-Dollar** (Statista, 2017)

Tab. 2: Multiplikatoren (eigene Darstellung)

	Multiplikatoren: Kanäle Medien
Free TV: Sport 1	• Live-Premiere des Finales der ESL One Frankfurt im deutschen Free-TV (Juni, 2016) (Sport 1, 2016)
Facebook ESL	• 200 Millionen User • Livestreaming von exklusiven eSport-Events und Inhalten der Elite E-Sportler (eSports Marketing Blog, 2017)
ESL TV	• Internationaler Live-Streaming- und IPTV-Sender, der ausschließlich eSport ausstrahlt (ESL TV)
Twitch	• Streaming Plattformen • Erreicht täglich weltweit 10 Mio. Nutzer • 2014 hat Amazon Twitch für 730 Mio. gekauft (Deloitte., 2016, S. 06)
YouTube Gaming	• Streaming Plattformen • 2016 eingeführt von Google (Deloitte., 2016, S. 06)
Hitbox	• Streaming Plattformen • Legt viel Wert auf verzögerungsfreies Spielerlebnis (4K-Auflösung) • 6 Mio. aktive Nutzer (Deloitte., 2016, S.06)
Sky	• Strahlt das Finale der Virtuellen Bundesliga (VBL) (film tv video, 2016)
eSport-App von Sport 1	• Liefert aktuelle Nachrichten, Statistiken, Spielergebnisse sowie Hintergrundberichte zu allen großen eSport-Spielen, -Ligen und Turnieren (film tv video, 2016)

Tab. 3: Marktdaten (eigene Darstellung)

Marktdaten	
Marktanteil	• Weltweiter eSport-Markt (US-Dollar): 2015 = 0,7 Mrd. 2019*[1] = 1,9 Mrd. (eSports.BIU, 2016) *[1] Prognose
Reichweiten	• 16% der Deutschen haben sich bereits ein eSport-Spiel angeschaut (als Aufzeichnung, Live-Steam oder vor Ort) • 38% der 16-24 Jährigen, 30% der 25-34 Jährigen, 21% der 34-44 Jährigen und 16% der 45-55+ Jährigen (eSports.BIU, 2016)
Einschaltquoten	• ESL Meisterschaft Frühling 2015: 1.055.840 Unique Viewers (UV) • ESL One Cologne 2015: 27.000.000 UV • Höchste gleichzeitige Online-Zuschauerzahl: 14 Mio. League of Legends Finals 2015 vs. 8 Mio. Sprung aus dem All von Felix Baumgarten (eSports.BIU, 2016)
Zuschauerzahlen	• ESL One in Frankfurt 2015: 30.000 Zuschauer • Counter-Strike WM in Köln: 22.000 Zuschauer. Das Finale wurde in 2000 Kinos weltweit übertragen. (Sportschau, 2016) • 56 Mio. Zuschauer verfolgen regelmäßig eSport • Rasante Steigerung der weltweiten Zuschauerzahl: 2015 = 235 Mio. 2016 = 323 Mio. 2017*[1] = 385 Mio. 2020*[1] = 589 Mio. (Statista, 2017) *[1] Prognose

Umsatzentwicklung	• eSport-Umsatz weltweit (US-Dollar): 2015 = 325 Mio. 2016 = 493 Mio. 2017*[1] = 696 Mio. 2020*[1] = 1.488 Mrd. (Statista, 2017) • eSport-Umsätze in Deutschland: 2016 = 50 Mio Euro 2020*[1] = 130 Mio Euro (Deloiette, 2016, S. 03) *[1] Prognose

Charakterisierung von eSport-Interessenten
- die eSport-Fans sind durchschnittlich 14-29 Jahre alt, überwiegend männlich, intelligent und äußerst technikaffin (pilot, 2016)
- 40% aller eSport-Fans, die eSport-Wettkämpfe verfolgen, spielen selbst nicht aktiv (eSport Marketing Blog, 2015)
- Realitätsflucht, Erwerb von Wissen über die Spiele, Novität und eSportler Aggressivität sind Faktoren, die die Zuschauhäufigkeit positiv beeinflussen (Hamari & Sjöblom, 2017)

Aktive Spieler (Gamer)
- 70% männliche Spieler mit einem hohen Bildungsgrad, die hauptsächlich aus sozialer Motivation spielen (infront, 2017)
- Drei bestverdienenden eSport-Profis weltweit (Gesamtpreisgelder in US-Dollar):
 „ppd" – Peter Dager (USA) = 2.617.389 Mio.
 „UNiVeRsE" – Saahil Arora (USA) = 2.606.414 Mio.
 „Fear" – Clinton Loomis (USA) = 2.382.424 Mio.
 (Statista, 2016)
- Die Profispieler erhalten in der Regel von ihren Clans und Ligen monatliche Gehälter
- „Kuro Ky" – Kuro Salehi Takhasomi ist der bestbezahle deutsche Gamer, der über 1. Mio. US-Dollar an Preisgelder verfügt (Deloitte, 2016, S. 05-06)

- Zwischen 50.000 und 15.000 Euro Ablösegeld pro Spieler hat FC Schalke 04 bezahlt (manager magazin, 2016)

1.2 Maßnahmenentwicklung

Maßnahme 1: Vlog (Video Blog)
Mithilfe von Vlogs können periodisch neue Videos veröffentlicht werden, die das Leben der Deutschlands besten, bekanntesten Gamers oder Teams (Clans) darstellen. So werden die Stars den Fans in Videoform zugänglich gemacht. Solche Vlogs können beispielsweise auf YouTube oder ähnlichen Plattformen hochgeladen werden. Der Schlusssatz „Powerd by ..." am Ende des Videos kann eine leistungsstarke Taktik sein, um die Marke der Bank zu präsentieren, ohne aufdringlich zu wirken.

Maßnahme 2: eSport-Event-Sponsoring
Event Sponsoring ist eine der sichtbaren und effektivsten Möglichkeiten, um möglichst viel Aufsehen in der eSport-Szene zu erregen (eSport Marketing Blog, 2016). Die bekanntesten eSport Events in Deutschland können als attraktive Plattform für die Kommunikationspolitik des Sponsors genutzt werden. Die Werbebotschaften des Unternehmens können wie folgt platziert werden:

- Auf TV-relevanten Werbeflächen eines Events
- Im Hospitality-Bereich (z.B. auf Trinkbechern, Pommes-Schalen etc.)
- Logo-Platzierung auf Event-Tickets
- Logo-Platzierung auf Livestreaming Plattformen
- Schaltung der Werbespots auf Online-Streaming-Plattformen

Maßnahme 3: Hauptsponsor eines eSport-Teams (Clans)
Bei dieser Art von Sponsoring wird eines der führenden eSport-Teams finanziell unterstützt, wohingegen das Team für den Sponsor kommunikative Aufgaben als Gegenleistung übernimmt. Folgende mögliche Gegenleistungen können vereinbart werden:

- Trikotwerbung (Logo oder Schriftzug des Sponsors auf dem Trikot der e-Sportler)
- Platzierung des Logos in exponierter Lage auf der Webseite des Clans samt Verlinkung
- Platzierung der Werbung (Werbespots) auf der Webseite des Clans
- Social-Media-Präsenz (Shout-Outs, Promotions)

1.3 One Pager

Der Begriff eSport (elektronischer Sport) bezeichnet das wettbewerbsmäßige Spielen von Computer- und Videospielen, das entweder online oder offline sowie allein oder im Team stattfindet. Die eSport Turniere füllen mittlerweile Fußballstadien, die im Internet und Free-TV übertragen werden, was Unternehmen eine hervorragende Marketingplattform bietet, um einer jungen und attraktiven Zielgruppe ihre Marke näher zu bringen. Die Preisgelder haben bereits die Millionenhöhe erreicht („The International" 2016 über 20 Mio. US-Dollar) und die erfolgreichen Spieler sind populär wie Sportstars aus klassischen Sportarten geworden, was sie als Werbeträger demensprechend äußerst interessant macht. Der eSport-Markt wächst stetig und schnell. Laut Statista (2017) soll sich der weltweite eSport-Umsatz bis 2020 auf ca. eine Milliarde US-Dollar erhöhen und wird voraussichtlich 1.488 Milliarden US-Dollar betragen. Auch in Deutschland ist ein nachhaltiges Wachstum zu erwarten (50 Mio. Euro 2016 => 130 Mio. Euro 2020). Hinzu kommt die Zuschauerzahl, die voraussichtlich um 35% wachsen wird. Diese starke positive Entwicklung wird in der folgenden Abbildung 1 veranschaulicht.

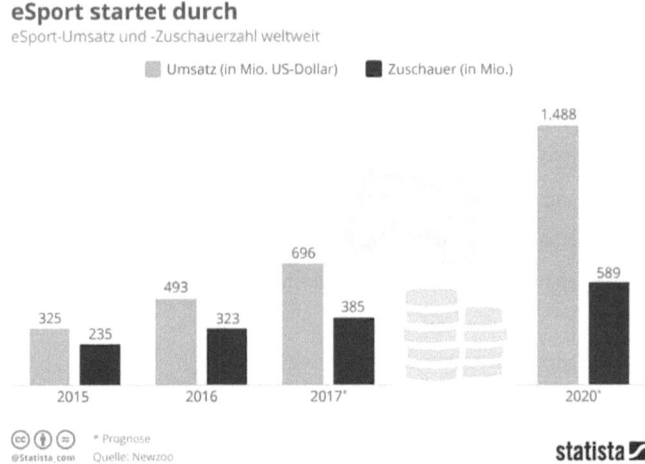

Abb. 1: Prognose: eSport-Umsatz und –Zuschauerzahl weltweit (statista, 2017)

40% aller eSport-Fans spielen selbst nicht aktiv – sie verfolgen die Wettkämpfe im Livestream oder TV. Dies ist ein Indiz dafür, dass sich diese Branche zum einem Zuschauersport entwickelt. Die eSport-Zielgruppe ist im Durchschnitt 14 bis 29 Jahre alt, interessiert sich immer weniger für das TV-Programm und sucht nach Alternativen im Internet (Videostreaming, YouTube, Sovial Media) (media control, 2015). Diesen Trend sollten Unternehmen nicht verpassen und selbst aktiv auf diesen Plattformen agieren.

2 Vereinsentwicklung und –vermarktung

Wie im Kapitel 1.1 erwähnt, haben bereits mehrere Fußballvereine eine eSport-Abteilung gegründet. Warum ein Investment im eSport für einen Verein der 1. Fußball Bundesliga sinnvoll sein kann, wird im Folgenden hinterleuchtet.

Argument 1: Wachstum der eSport-Branche

Im Vergleich zu klassischen Sportarten, die zwar kontinuierlich aber langsam wachsen, ist die Geschwindigkeit des Wachsumst beim eSport immens. Seit den letzten drei Jahren wächst eSport jährlich um 30%. Die folgende Abbildung 2 verdeutlicht, dass Fußball mit 9%, Hockey mit 8%, Basketball 6% mit und Handball mit 7% weit darunter liegen.

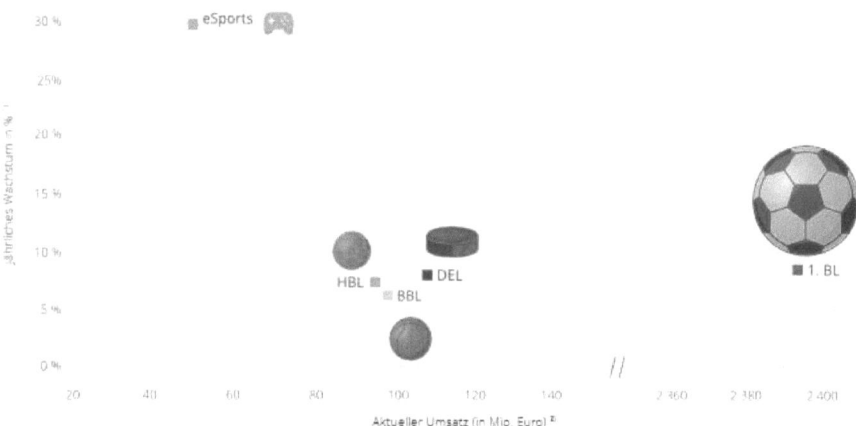

Abb. 2: eSport im Vergleich zu anderen Sportarten (Deutschland) (Deloiette, 2016, S. 13)

Argument 2: Neue Zielgruppe

Durch das Engagement im eSport kann der Fußballverein eine Zielgruppe erreichen, die sonst nicht ins Stadion kommt. Der durchschnittliche eSport-Fan ist jung, männlich, intelligent und stammt laut Newzoo (2017) aus höheren Einkommensschichten. Das macht sie zu einer wünschenswerten Zielgruppe, insbesondere für große Marken.

Argument 3: Globaler Trend

eSport ist ein weltweiter Trend, der gerade in Asien und den USA sehr verbreitet ist, was eine Möglichkeit bietet, den Verein als Marke auf dem internationalen Markt einem neuen Publikum zu präsentieren und dort weiter auszubauen (Deloiette, 2016, S. 08).

Argument 4: Sponsoring

Durch den Einstieg in die eSport-Branche wird der Verein attraktiver für Sponsoren beziehungsweise Unternehmen, die bereits in dieser Branche aktiv sind. Diese Sponsoren können abgesehen vom eSport, auch den Fußball als Plattform für ihre Marketingaktivitäten nutzen. Zudem bekommen die bestehenden Sponsoring-Partner die Möglichkeit eSport in ihre Sponsoring-Pakete zu integrieren, um somit eine neue Zielgruppe anzusprechen (Deloiette, 2016, S. 08).

Argument 5: Vermarktungserlöse

Durch das Erreichen neuer Zielgruppe können die Erlöse pro Fan optimiert werden, die durch Eintrittskarten, Merchandising-Produkte sowie durch Livestreaming generiert werden können.

Der Einstieg in die eSport-Branche kann diverse Platzierungs- und Aktivierungsmöglichkeiten mit sich bringen, für die sonst das reine Marketingbudget investiert werden müsste (Deloitte, 2016, S. 08). Hinzu kommt die Internationalisierung des Vereins, die zu Abstrahleffekten insbesondere auf den amerikanischen und asiatischen Märkten führen kann.

Risiken:

- eSport ist noch keine anerkannte Sportart in Deutschland und wird nicht von allen befürwortet. Gerade die ältere Generation sieht eSport nicht als Sport an, da sie nicht, wie die Generation „Digital Natives", digital aufgewachsen ist
- der eSport-Markt ist relativ jung und befindet sich noch in der Entwicklungsphase, was die Marktentwicklung unsicher sowie schwer einschätzbar macht
- Negative Schlagzeilen über eSport in den Medien, wie beispielsweise „Killerspiele" (Bsp. Counter Strike) und Suchtgefahr, können zu Imageproblemen des Vereins führen

3 Innovationsmanagement

„Das Innovationsmanagement umfasst alle Planungs-, Entscheidungs-, Organisations- und Kontrollaufgaben im Hinblick auf die Generierung und die Umsetzung von neuen Ideen in marktfähige Leistungen" (Vahs & Brem, 2013. S. 27).

3.1 Problemerkenntnis

In den nächsten Unterkapiteln wird die Ist-Situation des Vereins FC Colonia Mühlheim e.V. zusammengefasst, ein Überblick über Auswirkungen auf die zukünftige Entwicklung des Vereins eingeschätzt und die Kundensegmentierung durchgeführt. Im nächsten Schritt erfolgen die Ideensammlung, -selektion und -konkretisierung. Zum Schluss werden Möglichkeiten vorgestellt, wie die Wirksamkeit dieser Ideen getestet werden kann.

3.1.1 Ist-Situation

Die folgende Tabelle 4 stellt Abteilungen des Vereins und deren Mitgliederzahlentwicklung der letzten drei Jahre dar.

Tab. 4: Abteilungen und Entwicklung der Mitgliederzahlen der letzten drei Jahre des FC Colonia Mühlheim e. V. (DHfPG, Aufgabestellung)

Abteilungen	Mitgliederzahl 2014	Mitgliederzahl 2015	Mitgliederzahl 2016	Entwicklung der Mitgliederzahl
Fußball	785	843	884	+11%
Handball	173	168	169	−2%
Tennis	387	289	178	−54%
Turnen	306	284	246	−19%
Fitness	503	527	529	+5%
Tischtennis	115	109	98	−14%
Gesundheits- und Rehasport	93	101	143	+34%
Leichtathletik	153	141	104	−32%
Summe	**2515**	**2462**	**2351**	−6,5%

FC Colonia Mühlheim e.V. ist ein Mehrspartenverein, der aus acht verschiedenen Abteilungen besteht: Fußball, Handball, Tennis, Turnen, Fitness, Tischtennis, Gesundheits- und Rehasport sowie Leichtathletik. Aus Tabelle 4 wird ersichtlich, dass in fünf der acht Abteilungen eine auffällig negative Mitgliederentwicklung vorliegt, was der Grund für den 6,5%igen Gesamt-Mitgliederrückgang ist.

Nach dem Erstgespräch mit den Vereinsverantwortlichen lässt sich feststellen, dass der Verein einen Mangel an Kindern und Jugendlichen aufweist. In allen Sportarten, außer Fußball, liegt das Durchschnittsalter der Mitglieder bei 42 Jahren. An den Veranstaltungen des Vereins nehmen überwiegend die langjährigen Mitglieder teil, was die Akquise der neuen, jüngeren ehrenamtlichen Helfer problematisch macht. Passive Werbetätigkeiten des Vereins sorgen für den niedrigen Bekanntheitsgrad sowie das schlechte Image. Die Werbetätigkeiten beschränken sich auf den Fanschal, der nur mit einem Aufsteller bei den Spielen der 1. Fußball Mannschaft beworben wird und das quartalsweise erscheinendes Vereinsheft, das nur in schwarz/weißen gedruckter Printform erscheint. Die Homepage ist die einzige digitale Präsenz des Vereins, die nicht mehr den zeitgemäßen Standards entspricht. Da die erste Informationsquelle für die meisten Interessenten in der heutigen Zeit das Internet ist, ist es von hoher Bedeutung einen professionellen Auftritt im Internet zu haben.

3.1.2 Auswirkungen

Wie bereits im Unterkapitel 3.1.1 festzustellen ist, besteht der Verein überwiegend aus älteren Mitgliedern, was auf eine Überalterung des Vereins deutet. Der Grund dafür ist nicht allein die demographische Entwicklung. Häufig ist es die nicht zeitgemäße Präsenz des Vereins, die ihn für jüngere Menschen uninteressant macht. Dies führt dazu, dass sich die junge Generation in ehrenamtlichen Leitungsfunktionen immer weniger einbringt, was den Rückgang der Mitgliederzahl nur verstärkt. Durch neue Impulse von Jugendlichen wird nämlich ein wichtiger Beitrag für die Modernisierung eines Vereins erbracht, der für eine kontinuierliche und nachhaltige Nachwuchsarbeit von hoher Bedeutung ist.

Der ständige Mitgliederverlust kann zu einer negativen Stimmung im Verein führen, wodurch Vereinsmitglieder den Spaß am Vereinsleben verlieren und ebenfalls den Verein verlassen können.

Ein wachsender Wettbewerbsdruck kann ebenfalls zu einem bedeutsamen Problem für den Verein werden, da die Angebote in Fitnessstudios immer attraktiver und interessanter für junge Menschen werden. Zudem sind die Werbestrategien bei gewerblichen Sportanbietern gewöhnlich moderner, zeitgemäßer und innovativer als bei Vereinen. Zusammengefasst lässt sich sagen, dass die Vereine nur dann langfristig bestehen können, wenn sie sich kontinuierlich erneuern. Der permanente Mitgliederrückgang stellt für einen Verein ein existenzielles Problem dar, da es zur Auflösung einzelner Bereiche kommen kann bzw. sich im schlimmsten Fall eine Vereinsauflösung nicht vermeiden lässt.

3.1.3 Kundensegmentierung

Um den Kunden gezielt ansprechen und ihm passende Produkte und Dienstleistungen anbieten zu können, muss zunächst eine Kundensegmentierung durchgeführt werden. Wichtig dabei ist zu untersuchen nach welchen Kriterien sich die Kunden unterscheiden (Schlaffke & Plünnecke, 2016, S. 2014).

Folgende Kundensegmente des Vereins FC Colonia Mühlheim e.V. konnten ermittelt werden:

- Schüler und Studenten
- Berufstätige
- Senioren

Jobs to be done (Segment: Senioren)

„Jobs to be done" ist ein Konzept, der einen alternativen Blickwinkel zur klassischen Markt- und Konsumentenforschung bietet. Die Wünsche oder Anforderungen der Kunden stehen bei diesem Konzept nicht im Mittelpunkt. Die Kundencharakteristika, wie beispielsweise Demografie, Einkommensklasse oder Herkunft, gehören ebenfalls nicht dazu. Die Frage, die hier gestellt wird lautet: Welchen Job muss ein Produkt oder eine Dienstleistung erledigen? (Christensen, 2010). Bei dieser Methode wird sich mehr auf das Problem des Kunden konzentriert und ihm ein Mehrwert (eine Lösung für das Problem) angeboten und nicht nur einen Merkmal.

Der demografische Wandel ist der Grund für eine stetig steigende Zahl der sportlich aktiven Senioren und gerade deshalb ist diese Zielgruppe für einen Verein, der seine Mitgliederzahlen steigern muss, ebenfalls von hoher Bedeutung. Um zu erfahren welche „jobs" Senioren zu vergeben haben, muss herausgefunden werden, warum sie beim Verein angemeldet sind und was sie bewegt regelmäßig die Dienstleistungen des Vereins wahrzunehmen. Um dies zu verstehen und daraufhin passende Maßnahmen ergreifen zu können, müssen Senioren befragt werden. Die Befragungen können anonym, schriftlich oder mündlich durchgeführt werden.

Empathie-Karte (Segment Schüler und Studenten)
Die Empathie-Karte ist im Vergleich zu relativ teuren Sozialforschern eine kostengünstige Alternative, um das Umfeld des Kunden, sein Verhalten, seine Anliegen und seine Wünsche besser verstehen zu können.

Kunde: Melanie M., 23 Jahre, Dualstudentin, Single, braucht einen Ausgleich zum Unistress

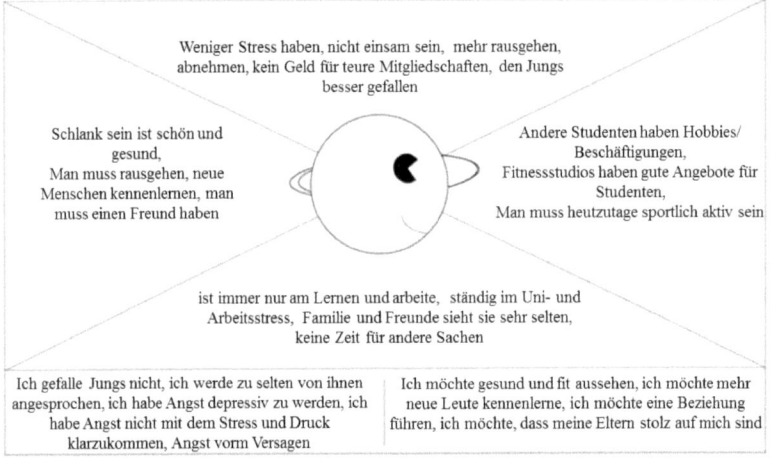

Abb. 3: Die Empathie-Karte von Melanie M. (modifiziert nach Osterwalder & Pigneur, 2011, S.134)

Persona (Segment: Berufstätige)
Bei einer Persona handelt es sich um eine fiktive Person, die einen typischen Kunden einer Zielgruppe repräsentiert. Diese Methode hilft die Bedürfnisse der Kunden besser zu verstehen, einen besseren Zielgruppenüberblick zu haben sowie die Entscheidungsprozesse zu erleichtern (Uebernickel, Brenner, Pukall, Naef & Schindlholzer, 2015, S. 125).

Persona „Rafael": 45, Sales Accout Manager im Außendienst im Bereich Pharma und Medizinprodukte, verheiratet, hat zwei Töchter (8 und 10) und wohnt in Köln (nicht direkt in der Stadtmitte) in einem Neubau Reihenhaus. In seiner Freizeit geht er gerne joggen und spielt unregelmäßig Fußball mit seinen Freunden. Er ist beruflich viel unterwegs, verbringt täglich sehr viel Zeit im Auto und muss manchmal in Hotels übernachten. Wichtig für ihn ist einen Ausgleich zum Job zu haben, fit zu bleiben und trotzdem noch genug Zeit für die Familie zu haben. Er ist schon seit mehreren Jahren im Fitnessstudio angemeldet – trainiert dort aber nicht mehr gerne, da das Studio abends sehr überfüllt ist und er nur abends Zeit hat. Eigentlich macht ihm der Mannschaftssport viel mehr Spaß als das Training an Geräten. Einmal war er mit seinem Schwager im FC Colonia Mühlheim e.V. Tennis spielen. Er legt sehr viel Wert auf die Meinung seiner Familienangehörigen und Freunde, wovon seine Kaufentscheidung maßgeblich abhängt.

3.2 Ideenfindung – Brainstorming

Idee 1: Kooperationen mit Hochschulen, die keine Sportangebote haben
Hochschulen, die beispielsweise duale Studiengänge anbieten, haben relativ selten eigene Sportangebote. Zusammen mit solchen Hochschulen kann der Verein eine Sportveranstaltung organisieren und seine Angebote den Studenten vorstellen.

Idee 2: Kooperation mit Schulen
Durch eine Kooperation mit Schulen kann man die Zielgruppe erreichen, die im Verein FC Colonia Mühlheim e.V. fehlt. Schließlich sind an keinem Ort Kinder und und Jugendliche so gut vertreten und erreichbar, wie in einer Schule. Der zunehmende Bewegungsmangel von Kindern und Jugendlichen führt häufig zu unterschiedlichen Krankheiten. Dies ist ein Grund dafür, warum sich Schulen noch mehr für Kooperationen mit Vereinen interessieren.

Idee 3: Tag der offenen Tür
An einem Tag der offenen Tür können alle Sportarten und Angebote des Vereins den Interessenten präsentiert werden. Wichtig ist, dass diese Veranstaltung gut beworben wird, damit so viele Menschen wie möglich davon erfahren.

Idee 4: Moderne Öffentlichkeitsarbeit im Internet
Eigene Homepage sowie ein Facebook-Account sind in der heutigen Zeit die wichtigsten Informations- und Kommunikationszentren. Aus diesem Grund sollte die Homepage modernisiert und zeitgemäß gestaltet werden. Die Einrichtung eines Facebook-Accounts

ermöglicht dem Verein eine einfache Kommunikation mit der jungen Generation. Wichtig dabei ist, dass diese zwei Medien immer auf dem neusten Stand gehalten werden.

Idee 5: Fahrten zu Sportveranstaltungen
Es interessieren sich immer noch sehr viele Menschen für verschiedene Sportveranstaltungen. Regelmäßig organisierte Fahrten zu solchen Veranstaltungen ermöglichen dem Verein sowohl junge als auch ältere Mitglieder langfristig zufrieden zu stellen und an den Verein dauerhaft zu binden.

Idee 6: Kooperation mit Firmen
Mangelnde Bewegung ist häufig der Grund für die steigenden Arbeitsunfähigkeitstage der Mitarbeiter, die Unternehmen hohe Kosten verursachen. Aus diesem Grund sind auch viele Firmen daran interessiert, Kooperationen mit Sportvereinen zu haben. Vereine, wie FC Colonia Mühlheim e.V. sind für Firmen besonders interessant, da sie ein breites Angebot für verschiedene Sportaktivitäten bieten.

Idee 7: Das Vereinsheft farbig und moderner gestalten
Das Vereinsheft informiert Mitglieder quartalsweise um das Vereinsgeschehen und bietet eine gute Möglichkeit für Unternehmen ihre Werbung zu platzieren. Eine optisch schönere und moderne Gestaltung des Vereinsheftes wird noch mehr Mitglieder, vor allem mehr Jugendliche, locken dieses zu lesen.

Idee 8: Einführung von Kursen speziell für Senioren
Einführung der neuen Kurse, wie beispielsweise „Seniorensport" oder „Fit und Vital älter werden", bietet Senioren eine Möglichkeit in einer Gruppe von Gleichgesinnten Sport zu treiben. Die Kurse können in verschiedenen Abteilungen des Vereins stattfinden, wie beispielsweise im Fitnessraum, wo die Senioren ein Krafttraining an Geräten betreiben können. Zudem gibt es Möglichkeiten, Kurse, wie zum Beispiel Nordic Walking, im Freien anzubieten.

Idee 9: Veranstaltungen für Kinder
Zu solchen Veranstaltungen kommen Kinder selten alleine, in den meisten Fällen werden sie von Erwachsenen begleitet, die der Verein mit einer gut vorbereiteten Präsentation der Angebote auch für sich gewinnen kann.

Idee 10: Familiensportangebote

Familiensport kann wöchentlich oder auch monatlich stattfinden. Hier können mehrere Generationen gemeinsam an spielerisch-sportlichen Angeboten teilnehmen.

3.3 Selektion

Da der Verein FC Colonia Mühlheim e.v. überwiegend aus älteren Mitgliedern besteht, ist die höchste Priorität sich zunächst um die junge Generation zu kümmern, denn sie bringt neue Perspektiven und hilft dem Verein sich weiter zu entwickeln. Aus diesem Grund wurde die Idee 1 „Kooperationen mit Schulen" präferiert.

Eine Kooperation zwischen dem Mehrspartenverein FC Colonia Mühlheim e.v. und Schulen kann nur zu einer Win-Win-Situation führen, wenn der Verein neue, junge Mitglieder gewinnt und der Schulsport durch attraktives und vielseitiges Angebot erweitert wird. Der Verein profitiert nicht nur an der neuen Mitgliedergenerierung, sondern er bekommt die Chance neue Talente zu sichten, das Image zu verbessern und mehr ehrenamtliche Helfer zu generieren.

3.4 **Konkretisierung**

Folgende Formen der Kooperation kommen in Betracht:

- Durchführung von regelmäßigen Sportangeboten
- Organisation von Sportturnieren
- Organisation von Sportfesten
- Talentförderung
- Organisation und Mitarbeit der Schüler bei Projekten
- Durchführung von gemeinsamen Ausflügen
- Mitwirken bei den Schulevents

Hakenmodell (engl. Hooked Model)

Mit Hilfe eines Stufenmodells namens Hooked Model erklärt Nir Eyal (2014, S. 12-17), wie Produkte oder Dienstleistungen geschaffen werden können, die Menschen süchtig machen und sukzessive an sich binden. Das Hakenmodell bildet einen Kreislauf, der aus folgenden vier Schritten besteht:

- Der erste Schritt ist ein Auslöser, der den Kunden dazu bringt ein Produkt oder eine Dienstleistung zu ersten Mal zu verwenden

- Der zweite Schritt ist die Handlung beziehungsweise eine Tätigkeit, die mit der Erwartung einer Belohnung einhergeht
- Der dritte Schritt ist die Belohnung. Hier werden die Bedürfnisse des Konsumenten befriedigt
- Der vierte Schritt ist die Investition. Der Kunde tätigt eine Investition in Form seiner Zeit oder seines Geldes, um ein Produkt beziehungsweise eine Dienstleistung zu erhalten. Anschließend beginnt der Kreislauf von vorne

Wenn diese Schritte regelmäßig wiederholt werden, etablieren sie beim Nutzer eine Gewohnheit, die fast oder komplett unbewusst sattfindet (Eyal, 2014, S. 153-154).

Die folgende Abbildung 4 stellt die bereits vorgestellte Anwendung des Hakenmodels auf Sportangebote des Vereins dar.

Abb. 4: Hakenmodel Kooperation zwischen dem Verein FC Colonia Mühlenheim e.V. und Schulen (modifiziert nach Eyal, 2013)

3.5 Lean Start-up Ansatz

Lean Start-up ist eine von Eric Ries (Startplatz, 2017) entwickelte Methode, die Unternehmen schnell und kostengünstig herauszufinden hilft, ob ihr neuentwickeltes Produkt oder ihre neuentwickelte Dienstleistung am Markt funktioniert und welche Wünsche und Bedürfnisse der Kunde hat. Dies geschieht durch das Bilden von Hypothesen, die mit Hilfe von Experimenten und Interaktion mit den Kunden zu verifizieren oder zu falsifizieren sind.

Hypothese 1:
Die Mitarbeit und Organisation von Projekten bewegt die Schüler mehr dazu dem Verein beizutreten.

Die erste Hypothese kann im Rahmen einer Schulprojektwoche geprüft werden. Der Verein verfügt über vielen unterschiedlichen Abteilungen und kann somit den Schülern eine große Auswahl an möglichen Projekten bieten. Ein Beispiel dafür könnte eine zusammen mit dem Leiter des Projekts organisierte Veranstaltung für Senioren sein. Wichtig dabei ist, dass die Schüler aktiv in Projekte involviert werden und ihre Ideen umsetzen können. Eine Beteiligung des Vereins an eine Schulprojektwoche ist relativ einfach zu organisieren, da die Schulen sich immer über eine Unterstützung bei solchen Projekten freuen.

Hypothese 2:
Je mehr Inhalt über eine Vereinsveranstaltung, an der Schüler teilgenommen haben, in sozialen Netzwerken hochgeladen wird, desto mehr Interesse am Verein wird bei den Schülern geweckt.

Um die zweite Hypothese prüfen zu können, muss eine Veranstaltung organisiert werden. Diese sollte bevorzugt im Verein stattfinden, da die Schüler nur dort die Möglichkeit bekommen, so viele Sportangebote wie möglich auszuprobieren. Von großer Wichtigkeit ist, dass der Verein mehrere Wochen vor der Veranstaltung einen Facebook-Account erstellt und ihn mit Informationen und Inhalten über den Verein füllt. Während der Veranstaltung müssen Fotos und Videos gemacht und in Facebook hochgeladen werden. Ebenfalls sollten die Schüler auf die Präsenz des Vereins in sozialen Netzwerken aufmerksam gemacht beziehungsweise darüber informiert werden. Da sich viele Schüler vor der Veranstaltung über den Verein informieren wollen, sollte auch die Webseite aktualisiert sein und einen Facebook-Button (Verlinkung zum Facebook-Account) enthalten. Durch das Liken „Gefällt mir" und das Teilen der Inhalte des Vereins können die Information über den Verein und die Veranstaltung viral verbreitet werden. Solche Veranstaltungen können nur in Kooperationen mit Schulen organisiert werden, da nur in Schulen so viele Schüler erreicht werden können.

4 Literaturverzeichnis

90min. (2017). *NextGen: Diese 9 Fußballvereine haben eigene eSport-Teams.* Zugriff am 21.05.2017. Verfügbar unter http://www.90min.de/de/posts/4622020-nextgen-diese-9-fussballvereine-haben-eigene-esport-teams/3-fc-schalke-04

Bundesverband Interaktive Unterhaltungssoftware e.V.. Zugriff am 14.05.2017. Verfügbar unter http://esports.biu-online.de/ueber-uns/

Christensen, C. M. (2010, 11. August). *Integrating around the job to be done (N9-611-004).* Zugriff am 01.06.2017. Verfügbar unter http://www.public.navy.mil/fltfor/nwdc/CRIC%20Articles/Integrating_Around_the_Job_to_Be_Done[1].pdf

Deloitte. (2016). *Let's play! Der deutsche eSport-Markt in der Analyse.* eSports-BIU. Zugriff am 14.05.2017. Verfügbar unter https://www2.deloitte.com/content/dam/Deloitte/de/Documents/technology-media-telecommunications/Deloitte.%20Der%20deutsche%20eSports-Markt%20in%20der%20Analyse%202016.pdf

Deutsche Games Schulmeisterschaft UG (DGS). Zugriff am 21.05.2017. Verfügbar unter https://www.schulmeisterschaft.de/

Electronic Sports League Meiserschaft (ESLM). Zugriff am 14.05.2017. Verfügbar unter http://pro.eslgaming.com/deutschland/gate/

ESL TV. (2017). Zugriff am 25.05.2017. Verfügbar unter http://tv.eslgaming.com/

eSport Marketing Blog. (2016, 23. Februar). *8 Ways to Reach the eSports Consumer Today.* Zugriff am 27.05.2017. Verfügbar unter http://esports-marketing-blog.com/8-ways-to-reach-the-esports-consumer-today/#.WSkay8akLIU

eSport Verband Deutschland (ESVD). Zugriff am 14.05.2017. Verfügbar unter http://www.esvd.de/home

eSports Marketing Blog. (2017). *ESL To Bring Exclusive eSports Content To Facebook.* Zugriff am 21.05.2017. Verfügbar unter http://esports-marketing-blog.com/esl-bring-exclusive-esports-content-facebook/#.WSGTnNykLIW

eSports.BIU. (2016). *eSports Überblick 2016.* Zugriff am 21.05.2017. Verfügbar unter https://esports.biu-online.de/market-data/esports-ueberblick-2016/

eSports.BIU. (2016). *Konsum von eSports 2016.* Zugriff am 21.05.2017. Verfügbar unter https://esports.biu-online.de/market-data/konsum-von-esports/

eSports.BIU. (2017, 23. Januar). *eSports als Breitensport.* Zugriff am 26.05.2017. Verfügbar unter https://esports.biu-online.de/themen/esports-als-breitensport/

Eyal, N. (2013). *Hooked Model.* Zugriff am 01.06.2017. Verfügbar unter http://de.slideshare.net/nireyal/hooked-model/110-CONTENT

Eyal, N. (2014). *Hooked. Wie Sie Produkte erschaffen, die süchtig machen* (1. Aufl.). München: Redline Verlag. Zugriff am 01.06.2017. Verfügbar unter https://www.m-vg.de/mediafiles/article/pdfdemo/978-3-86881-536-8.pdf

Film TV Video. (2017). *Trendreport 2017:eSports wird zum Massenphänomen.* Zugriff am 21.05.2017. Verfügbar unter https://www.film-tv-video.de/business/2016/12/27/esports-der-elektronische-sport-wird-zum-massenphaenomen/

Hamari, J. & Sjöblom, M. (2017). *What is eSports and why do people watch it?* Zugriff am 26.05.2017. Verfügbar unter https://papers.ssrn.com/sol3/papers.cfm?abstract_id=2686182

International e-Sports Federation (IeSF). Zugriff am 14.05.2017. Verfügbar unter http://ie-sf.com/en/about/introduction.php

manager magazin. (2016, 16. September). *Fußballclub investiert in elektronische Sportler.* Zugriff am 26.05.2017. Verfügbar unter http://www.manager-magazin.de/unternehmen/artikel/esport-fc-schalke-04-kauft-profis-fuer-league-of-legends-in-der-lcs-a-1112424.html

media control. (2015). *TV-Trend 2015: Die Jungen schauen weniger Fernsehen.* Zugriff am 28.05.2017. Verfügbar unter http://www.media-control.de/tv-trend-2015-die-jungen-schauen-weniger-fernsehen.html

Müller-Lietzkow, J. (2006). *Leben in medialen Welten: E-Sport als Leistungs- und Lernfeld.* München: merz 50 (4).

Pilot. (2016, 23. August). *Peer Wörpel im Interview zu E-Gaming und den Möglichkeiten für Werbungtreibende.* Zugriff am 26.05.2017. Verfügbar unter https://www.pilot.de/neuigkeiten/2016/08/23/ueber-das-potential-von-e-sport-fuer-den-werbemarkt/

Reutner, S. (2015). *Millionengeschäft eSport. Wie geht Spitzensport am Schreibtischstuhl?* Frankfurter Allgemeine Zeitung GmbH. Zugriff am 14.05.2017. Verfügbar unter http://www.faz.net/aktuell/sport/mehr-sport/der-esport-ist-fuer-den-dosb-kein-richtiger-sport-13720467.html

Schlaffke, W. & Plünnecke, A. (2016). *Studienbrief Forschung und Entwicklung in Sportmärkten.* Unveröffentlichte Studienmaterialien. Saarbrücken: Deutsche Hochschule für Prävention und Gesundheitsmanagement.

Sport 1. (2016). *ESL One Frankfurt LIVE auf SPORT 1*. Zugriff am 21.05.2017. Verfügbar unter http://www.sport1.de/esports/2016/06/esl-one-frankfurt-live-im-free-tv-auf-sport1

Startplatz (Hrsg.). (2017). *Lean Startup Methode*. Zugriff am 02.06.2017. Verfügbar unter http://www.startplatz.de/startup-wiki/lean-startup-methode/

Statista. (2016). *Preisgelder der bestverdienenden eSports-Profispieler weltweit bis 2016*. Zugriff am 26.05.2017. Verfügbar unter https://de.statista.com/statistik/daten/studie/453686/umfrage/preisgelder-der-bestverdienenden-esports-profispieler/

Statista. (2017). *eSports auf dem Weg zum Volkssport?* Zugriff am 21.05.2017. Verfügbar unter https://de.statista.com/infografik/9422/esport-im-vergleich/

Statista. (2017). *Gesamtpreisgelder der höchstdotierten eSports-Turniere weltweit bis April 2017 (in Millionen US-Dollar)*.

Statista. (2017, 23. März). *eSport startet durch*. Zugriff am 21.05.2017. Verfügbar unter https://de.statista.com/infografik/8643/esport-umsatz-und-zuschauer-weltweit/

Vahs, D. & Brem, A. (2013). *Innovationsmanagement: Von der Idee zur erfolgreichen Vermarktung*. (4. Aufl.). Stuttgart: Schäffer-Poeschel.

Woytewicz, D. (2016). *Preisgelder in Millionenhöhe. Die Welt des Sports*. Sportschau, ARD. Zugriff am 14.05.2017. Verfügbar unter http://www.sportschau.de/weitere/allgemein/e-sport-ligen-turniere-100.html

5 Abbildungs- und Tabellenverzeichnis

5.1 Abbildungsverzeichnis

Abb. 1: Prognose: eSport-Umsatz und –Zuschauerzahl weltweit (statista, 2017) 10
Abb. 2: eSport im Vergleich zu anderen Sportarten (Deutschland) (Deloiette, 2016, S. 13) 11
Abb. 3: Die Empathie-Karte von Melanie M. (modifiziert nach Osterwalder & Pigneur, 2011, S.134) 16
Abb. 4: Hakenmodel Kooperation zwischen dem Verein FC Colonia Mühlenheim e.V. und Schulen (modifiziert nach Eyal, 2013) 20

5.2 Tabellenverzeichnis

Tab. 1: Organisation von eSport (eigene Darstellung) 4
Tab. 2: Multiplikatoren (eigene Darstellung) 6
Tab. 3: Marktdaten (eigene Darstellung) 7
Tab. 4: Abteilungen und Entwicklung der Mitgliederzahlen der letzten drei Jahre des FC Colonia Mühlheim e. V. (DHfPG, Aufgabestellung) 13

BEI GRIN MACHT SICH IHR WISSEN BEZAHLT

- Wir veröffentlichen Ihre Hausarbeit, Bachelor- und Masterarbeit

- Ihr eigenes eBook und Buch - weltweit in allen wichtigen Shops

- Verdienen Sie an jedem Verkauf

Jetzt bei www.GRIN.com hochladen und kostenlos publizieren